GAGNER DE L'ARGENT EN DEVELOPPANT DES APPLICATIONS MOBILES

DYLAN TEIXEIRA

Table des matières

Table des matières 2
1) Introduction 6
2) Développer des applications mobiles, ça rapporte vraiment ?.......7
   Les idées reçues sur les revenus des développeurs d'applications.....7
     ➤ Développer une application, c'est simple !................................7
     ➤ La publicité ça rapporte beaucoup 7
   Quelques statistiques sur la rentabilité possible de vos futures applications mobiles 8
3) Pour quelle plateforme mobile développer ? 9
   Le développement sur Android..9
   Le développement iOS 10
   Le développement Windows Phone 10
   Quelle solution de développement choisir ? 12
     En Résumé… 12
4) Définition du thème de notre application................................14
   Définition des objectifs 14
   Définition du public adapté à son application 15
5) Monétiser son application 16
   La publicité 16
   Les achats in-app..16
   Les applications payantes 17
   Les publicités vidéo avec gains (Rewarded Ad)...............................18
   Les Rewarded Ads 18
   Les statistiques de vente 19

6) Promouvoir son application 20
  1 / Solutions gratuites 20
    1. La phase de pré-lancement 20
    2. Le bouche à oreille 20
    3. La publicité sur les réseaux sociaux 21
    4. La publication sur différents App Stores 21
    5. La promotion sur Youtube 22
    6. Créer une page de présentation 23
    7. L'échange de commentaires 24
    8. Présentation sur des forums 25
    9. Publication sur des sites de tests 26
    10. L'effet viral : système de parrainage 26
    11. L'effet viral : les réseaux sociaux 27
    12. Optimiser le référencement de son application 27
    13. Le modèle freemium pour son application 28
  2 / Solutions payantes 28
    1. La publicité : Admob et Facebook 28
    2. Les tests sur YouTube 29
    3. Les articles sponsorisés 30
7) Bases en développement d'applications mobiles 31
  Android 31
    1. L'installation 32
    2. L'interface & l'utilisation 32
    3. La compilation 39
    4. Créer une application calculatrice 40

3

iOS 47
    Le développement sous xCode 7 47
8) Conclusion 69

1) Introduction

Vouloir développer des applications pour smartphones pour en tirer un profit nécessite une façon de penser particulière. Il faut être principalement tourné vers la recherche du profit et les systèmes à développer pour démarrer puis optimiser celui-ci.

Cette façon de penser ; l'esprit entrepreneurial, doit vous pousser à prendre des risques, développer une idée qui vous a parue fonctionnelle, quitte à risquer de se planter et de passer à l'idée suivante.

Mais il faut également bien connaître le public que vous ciblez, rechercher ses envies et besoins pour créer un produit qui convient à ses demandes.

« Prendre des risques n'est pas une obligation, mais nécessaire pour notre réussite ».

Rafik Alidi

2) Développer des applications mobiles, ça rapporte vraiment ?

Les idées reçues sur les revenus des développeurs d'applications

> ➢ **Développer une application, c'est simple !**

Ben non. Malheureusement ce n'est pas simple, sinon tout le monde en aurait déjà créé ! Développer une application mobile demande certaines connaissances que l'on doit apprendre. En fonction du type d'application, le temps de développement peut passer de quelques semaines à plusieurs mois et également d'un développeur à une équipe complète.

Bien évidemment vous pourrez trouver sur internet des services vous proposant de créer une application en quelques minutes, mais leur utilité ne reste que très limité. Généralement elle ne se contentera que de vous afficher une Google Map de la localisation de votre entreprise et quelques onglets pour afficher quelques textes sur celle-ci. Les couleurs et thèmes sont très limités. En réalité le générateur se contente de copier/coller des codes pré-créés.

> ➢ **La publicité ça rapporte beaucoup**

C'est faux. Pour gagner sa vie avec la publicité il faut avoir un énorme flux d'utilisateurs car le prix par affichage est extrêmement bas. Par exemple à l'heure où j'écris ce texte le RPM (Revenu pour 1000 impressions) est de 0,29€. Je gagnerai donc 0,29€ à chaque fois que mes bandeaux publicitaires auront étés vus 1000 fois. Bonne chance donc pour gagner un salaire uniquement avec la publicité, c'est possible pour les applications à fort téléchargement (il y a quelques années, c'est les applications type lampes torche qui faisaient beaucoup de téléchargement !), mais la publicité reste moins rentable que les autres moyens de monétisation.

Quelques statistiques sur la rentabilité possible de vos futures applications mobiles

En 2013, 56% des Français ont aucune application payante sur leur téléphone.

Grossièrement, on élimine donc la moitié de la population si on veut proposer notre application sur le store en payante (voir freemium et publicité dans les prochains chapitres)

88% des développeurs d'applications mobiles gagnent moins de 1000$ par mois.

9% gagnent entre 1000 et 10 000$ par mois et 2% plus de 10 000$ par mois. Le succès n'est donc pas à la portée de tous. Il demande du travail, du temps, des connaissances et de la chance (un peu tout de même, une application peut créer le buzz comme passer incognito).

3) Pour quelle plateforme mobile développer ?

Le développement sur Android

Le développement Android, celui le plus simple à prendre en main, et *de facto* la plus grande communauté de développeur mobile mais aussi la moins rentable. En pratique il est très utile de commencer par développer sur Android lorsque l'on a peu de moyens (comptez seulement 25€ pour vous inscrire sur la plateforme de distribution de Google Play !) et de connaissances, vous pourrez aisément trouver sur internet des tutoriels, des livres et même des applications basiques toutes faites. La communauté de développeurs Android est très grande et vous apportera des solutions rapides à vos problèmes.

Il faut savoir qu'environ 41% des développeurs Android terminent leur application en moins d'un mois (source : silicon.fr).

Néanmoins, la programmation sur les terminaux Android pose quelques contraintes ; vous devrez adapter votre application à plusieurs tailles d'écrans, de résolutions différentes, de puissances différentes, cette tâche est donc assez compliquée et chronophage.

Pensez aussi à rendre vos applications fonctionnelles sur les Google TV, les autoradios Android, et bien d'autres terminaux embarqués (Et oui, programmer sur Android c'est pas que les smartphones, malgré que développer pour smartphones soit le plus rentable en général).

Un point fort du développement d'applications Android, c'est que vous pouvez le faire depuis n'importe quel système d'exploitation connu. Le logiciel dédié à ça s'appelle Android Studio et fonctionne aussi bien sur Windows, que Linux et MacOS.

Comme je l'ai dit plus haut, le développement Android est un des moins rentable car il y a déjà beaucoup de développeurs sur le coup et donc un parc d'applications extrêmement grand (nombreuses sont les applis perdues dans les méandres du Google Play Store).

Le développement iOS

Le développement d'applications iOS doit sûrement être le plus onéreux ; comptez l'achat d'un iPhone et d'un Mac car Apple n'autorise le développement d'applications qu'aux possesseurs de Mac (sinon il faut s'abonner à un service de compilation en ligne... payant) donc exit les Windows et Linux. Comptez donc en budget de lancement, si vous n'avez aucune machine Apple, un iPhone pas trop vieux et un Mac pas trop vieux également pour pouvoir faire tourner xCode, le logiciel de développement d'Apple. Il ne faut évidemment pas oublier d'ajouter les 100€ que vous demande Apple pour l'inscription à sa plateforme de développement.

Cependant, le développement iOS a quelques points positifs ; peu de terminaux différents, une fois votre application optimisé pour les iPhones et les iPads, vos problèmes de compatibilité sont réglés, mais aussi une application iOS est jugée 80% plus rentable qu'une application Android : les utilisateurs de la pomme ont plus tendance à payer des applications tandis que sur Android il est très facile de ne pas payer en téléchargeant l'application sur internet.

Le développement Windows Phone

Nous ne nous attarderons pas vraiment sur le développement pour Windows Phone pour une simple raison : le nouveau directeur de Microsoft France a annoncé vouloir s'éloigner du grand public et développer surtout de nouvelles solutions pour les professionnels. Il faudra donc s'attendre à voir les parts de marché de cet OS Mobile diminuer, déjà qu'elles ne sont pas bien grandes.

Si vous voulez quand même vous lancer dans le développement sous Windows Phone, il faut savoir que vous devez obligatoirement posséder un PC sous Windows pour ça. La communauté de développeurs est plutôt petite ce qui entraine un manque de documentation.

Je vous conseille donc plutôt d'éviter de développer sous Windows Phone (en tout cas pour les prochaines années) sauf si vous avez vraiment du temps de libre à perdre ou que vous souhaitez vous tourner vers du B to B ou vers un secteur particulier nécessitant un smartphone Windows Phone.

Quelle solution de développement choisir ?

En Résumé...

Android

- Le développement ne s'arrête pas qu'aux smartphones (TV, Autoradios, Terminaux diverses...)
- Lancement peu onéreux
- Développement possible sur n'importe quel système d'exploitation
- Grande communauté

- Moins rentable que les autres plateformes
- Problème de compatibilité entre les smartphones (puissances, tailles d'écrans...)

iOS

- Peu de terminaux et donc peu de problèmes de compatibilité
- Applications en moyenne plus rentables que sur Android
- Logiciel (xCode) plutôt simple à prendre en mains

- Lancement onéreux (inscription au programme Apple, PC et smartphone Apple..)

Android Studio pour Android, xCode pour iOS, Visual Studio pour Windows Phone… Toutes ces solutions permettent de développer en natif, c'est à dire que votre application a spécialement été développé pour un seul système d'exploitation. Ces logiciels de développement ont été élaborés par les créateurs de ces trois systèmes d'exploitation, mais vous vous doutez bien qu'il en existe d'autres, offrant de nouvelles solutions de développement et permettent même de développer sur plusieurs plateformes à la fois. Les applications développées avec ces logiciels ne seront donc pas natives, car elles ne seront pas développées spécifiquement pour un système d'exploitation.

En règle générale il vaut mieux développer en natif lorsque votre application demandera des performances poussées de la part du terminal. Pour une application dite « basique » vous pouvez aisément développer sur un logiciel multiplateforme, ce qui vous fera gagner du temps et nécessite moins de connaissances (un logiciel, un langage de développement la plupart du temps). Libre à vous de chercher une solution de développement multiplateformes mobiles et de vous faire une idée sur celles-ci.

Voici quelques solutions de développement multiplateformes mobiles : PhoneGap, Adobe Flex, Rhomobile…

4) Définition du thème de notre application

Une des étapes les plus importantes dans le développement de son application mobile.

En général, une application devra correspondre à trois critères ; premièrement elle devra être ciblée pour un public existant, **nous sommes d'accord que développer une application sur les horaires de jeux de pétanque dans le village de Tintouin dans le Cantal ne sera pas téléchargée des centaines de milliers de fois.**

Sa conception ne devra également pas être trop compliquée en fonction de vos connaissances et de vos moyens. Investir dans une application du temps et de l'argent, c'est être sûre que son idée pourra fonctionner et avoir un retour sur investissement.

Et enfin elle devra avoir une réelle utilité, être différente des autres applications pour se faire remarquer.

Puis enfin, vous ne devrez pas perdre trop de temps à développer votre application afin de la sortir le plus tôt possible sur le marché. **Si vous êtes fier de votre application à sa sortie, c'est que vous l'avez sortie trop tard.**

Définition des objectifs

Fixez-vous des objectifs et imposez-vous un rythme de travail régulier pour ne pas perdre le fil et prendre du retard dans votre développement. Si une idée ne fonctionne pas, laissez-la de côté et passez à l'idée suivante jusqu'à en trouver une qui donnera une réelle utilité à votre application.

Je vous conseille d'utiliser la fonction calendrier de votre smartphone ou de vous élaborer un emploi du temps papier pour vous permettre de le concrétiser et de le suivre. Avoir un bon emploi du temps est l'étape de base pour ne pas procrastiner.

Définition du public adapté à son application

Comme je vous l'ai dit en introduction de ce chapitre, votre application devra être ciblée sur un public particulier, elle devra répondre à un besoin commun.

KYP : Know Your Public

Trouver une idée n'est pas chose facile, mais voici quelques pistes pour vous aider. Concentrez-vous sur vos problèmes du quotidien, lorsque quelque chose ne va pas demandez-vous s'il serait possible de le corriger avec une application mobile. Si c'est possible demandez-vous après si vous êtes le seul à avoir ce problème ou si vous êtes plusieurs. Puis pour terminer demandez-vous si cette application vous est réalisable. Bingo vous avez votre idée !

Pour trouver des idées il n'y a rien de mieux que de discuter avec d'autres personnes, de sortir, de se divertir... Vous aurez plus de facilité à trouver une idée comme ça plutôt qu'en restant toute la journée derrière votre ordinateur. Dès qu'une idée apparaît dans votre esprit, notez-la sur votre smartphone.

Lors de la conception de votre application, ne cessez jamais de vous mettre à la place de l'utilisateur et de vous demander si la fonction que vous codez, le design ou l'ergonomie lui plairait. Enfin vous pouvez vous constituer un petit groupe de testeurs pour qu'ils vous donnent des avis objectifs sur votre application et voir ce qui ne va pas, notez bien leurs idées ; elles sont précieuses.

5) Monétiser son application

La publicité

Solution la plus simple à mettre en place mais aussi la moins rentable. C'est un bon début pour toucher ses premiers euros sur internet.

Néanmoins, vous pouvez envisager de mettre de la publicité sur les applications qui sont rapidement supprimée et ont donc un court temps de vie sur le terminal de l'utilisateur. Par exemple une application qui indique les toilettes publiques à Paris sera mieux avec des publicités qu'en payante car généralement les utilisateurs téléchargent ce genre d'applis pour résoudre un besoin précis à l'instant T. Elle sera généralement immédiatement supprimée après.

La publicité peut néanmoins être assez rentable si elle est bien utilisée. Les applications beaucoup téléchargées mais qui sont assez limitées permettrons tout de même de gagner un minimum d'argent grâce à un grand flux d'utilisateurs.

Les achats in-app

Les achats in-app, et également le modèle freemium, qu'est-ce que c'est ?

Les achats in-app constituent les achats disponibles dans l'application. Par exemple pour un jeu de moto, un achat in-app peut constituer le déverrouillage d'un nouveau circuit.

Le modèle freemium lui constitue une application qui est gratuite sur le store mais qui propose des achats in-app pour obtenir des fonctionnalités supplémentaires. Il est courant de proposer des applications en freemium sur le store avec des publicités, et proposer un achat in-app pour avoir des fonctionnalités supplémentaires et retirer la publicité. De cette façon même les utilisateurs qui ne souhaitent pas payer vous rapporterons quelques centimes (multiplié par le nombre d'utilisateurs gratuits !).

Nous allons voir après comment gagner un peu plus d'argent avec les utilisateurs qui ne souhaitent pas payer (Rewarded Ads).

Les applications payantes

Les applications payantes quant à elles, sont simplement disponible en mode payant sur le store.

Personnellement je ne pense pas que pour une première application ce mode soit vraiment rentable car les utilisateurs ne vous connaissent ni vous ni votre application, ils auront donc moins tendance à payer une application qu'ils n'ont même pas pu tester (même si il existe des moyens de se faire rembourser, mais peu d'utilisateurs le savent).

Après tout dépend du type d'application et des moyens mis en œuvre pour faire connaître celle-ci. Pour un jeu qui présente un test vidéo sur la page du store aura quand même ses chances en etant payante.

Le modèle paymium est similaire au freemium sauf que l'application est payante à la base mais moins chère qu'elle devrait l'être, et propose des achats in-app pour obtenir des bonus. L'exemple typique est les applications GPS payantes, pour certaines vous devez payer un peu plus pour avoir la carte de votre pays.

Les publicités vidéo avec gains (Rewarded Ad)

C'est un mode de publicité plutôt récent mais très intéressant ; vous pouvez proposer à votre utilisateur de voir une courte publicité en échange d'un avantage dans votre application, ces publicités rapportent plus que de simples bannières.

L'exemple typique est d'obtenir une vie supplémentaire dans un jeu contre le visionnage d'une vidéo publicitaire avec gain.

Vous pouvez bien entendu mélanger ce type de publicités avec d'autres afin d'augmenter la rentabilité de l'application. Faites tout de même attention à ne pas noyer l'utilisateur avec toutes les publicités.

Les Rewarded Ads

Ce sont simplement des publicités vidéo ou des publicités avec des démos jouables que vous pouvez faire visionner par votre utilisateur qui obtiendra un bonus dans votre application en échange.

Par exemple pour un jeu de course, vous pouvez proposer à l'utilisateur de voir une publicité vidéo en échange de l'accès à un nouveau circuit ou encore leurs donner une vie supplémentaire si la voiture a un accident. L'avantage de ces publicités est que l'eCPM est bien plus avantageux et vous permet donc de pouvoir rentabiliser vos utilisateurs gratuits qui ne souhaitent pas payer la version complète. Cela fonctionne très bien pour les utilisateurs qui ne souhaitent pas dépenser d'argent.

Pour les rewarded ads vous pouvez utiliser Admob par l'intermédiaire de la médiation. La médiation est très importante, mais à quoi sert-elle ?

C'est tout simplement un système grâce auquel vous pouvez diffuser la publicité de plusieurs annonceurs sur votre application. Admob choisira les publicités au plus haut CPM et les mieux ciblés à votre public pour optimiser vos revenus. Pour cela il faudra donc s'inscrire chez d'autres régies qui peuvent être utilisés avec Admob.

Les statistiques de vente

Monetization Methods Used By Popular Apps

65%

of the largest apps studied by Sweet Pricing use advertising to generate revenue, making it the most popular monetization strategy.

Méthode	%
Advertising	65%
In-App Purchases	50%
Virtual Currencies	25%
Paid Sister App	15%
Subscriptions	5%

Même si votre application est la meilleure au monde, si elle est au fin-fond du store, personne ne la téléchargera. C'est pour cette raison qu'il faut la faire connaître, c'est la promotion de son application.

6) Promouvoir son application

1 / Solutions gratuites

1. La phase de pré-lancement

La phase de pré-lancement compte pour beaucoup pour promouvoir son application Android, il est important de **rendre son application visible avant-même qu'elle soit disponible.** Pour cela nous pouvons utiliser divers moyens tel que la création d'une page web consacrée à celui-ci, nous y reviendrons plus tard. Le lancement dit « orchestré » est une méthode marketing controversé car souvent mal utilisé. Il consiste à récolter un maximum de prospects (futurs clients potentiels) avant la sortie de votre application.

Vous pouvez en parallèle proposer une version « test » afin de constituer une communauté dès le départ, postez votre application en version BETA ouverte à tout le monde, ou fermée selon vos envies, et votre but.

Rendez vos utilisateurs « accro » avant même la sortie de votre application ! Pensez aussi à **installer un module de newsletter** sur votre page web pour récolter un maximum d'adresse e-mail de personnes intéressées pour les tenir informés de l'état du projet et prévenez vos inscrits lors de la sortie de votre application !

2. Le bouche à oreille

Lors de la sortie de votre application, il est utile de faire tester celle-ci par votre entourage. **Le bouche à oreille est la plus vieille des publicités**, cela reste une solution efficace et surtout, gratuite. Profitez-en pour récolter en passant des avis concernant votre application, faites un sondage.

Une personne contente d'un service en parle en moyenne à 7 personnes autour d'elle.

3. La publicité sur les réseaux sociaux

Avant même d'avoir sorti votre application, profitez-en pour en faire de la publicité sur les réseaux sociaux. Vous pouvez anticiper et créer une page Facebook pour votre application ainsi qu'un compte Twitter par exemple. Pensez également à rajouter un bouton pour ces deux pages directement sur votre application, un maximum de Followers et de Like favorisera la visibilité de votre page et donc de votre application d'une certaine façon.

Pensez aussi à vous ouvrir un compte Google +, car il existe un lien très étroit entre votre classement dans le Google Play Store et le nombre de partage/+1 que vous aurez. Les « +1 » proposés par Google sont devenus très importants et valent de l'or. Ces derniers entrent directement comme un des critères les plus importants du **référencement de votre application**.

Facebook propose d'ailleurs automatiquement de configurer soi-même le bouton que l'on désire afficher sur sa page. On peut le configurer pour accéder à la page de téléchargement de l'appli, sur le site du développeur, …

4. La publication sur différents App Stores

Il n'y a pas que le Google Play Store qui est susceptible d'accueillir votre application ! Amazon propose également ce service par exemple. Cela vous permettra d'offrir une visibilité plus diversifiée à votre application et donc d'amener plus d'utilisateurs pour promouvoir son application Android.

Voici quelques sites où vous pouvez publier votre application :

- Amazon Appstore
- Yandex Store
- SlideMe
- GetJar
- AppBrain
- F-Droid
- 1Mobile Market
- AppsLib
- Samsung Galaxy Apps
- Mobile9
- Mobango
- Mobogenie

Il en existe bien évidemment beaucoup d'autre, à vous de les trouver et de publier votre application dessus. Faites attention, si vous envoyez vos fichiers dans certains de ces stores, il se peut que les services de Google ne fonctionnent pas (les achats In-App par exemple, ou les publicités Google AdMob), choisissez donc bien vos diffuseurs. Dans le même ordre d'idée, ne perdez pas votre temps à publier votre application sur des plateformes perdues dans les méandres du web, le rapport temps/gain d'utilisateurs sera trop faible.

5. La promotion sur Youtube

Il est très important, en plus de faire de jolis screenshots, de montrer votre application en fonctionnement dans une vidéo. En effet, vos futurs utilisateurs aimeront voir du contenu avant de télécharger quoi que ce soit. Faite un joli teaser où vous montrez votre application en marche et ajoutez-le à votre fiche Google Play Store.

Faites une vidéo courte (pas plus de 2 minutes) en mettant en avant les plus-values de votre création. Pensez à rajouter dans la description sur YouTube, l'adresse de votre site web et la page de téléchargement de votre application.

La promotion sur Youtube est INDISPENSABLE si votre application est un jeu et fortement conseillée lorsque vous mettez en place une vraie politique marketing pour faire connaître celle-ci.

6. Créer une page de présentation

Nous avons commencé à en parler un peu plus tôt... **Créer une page web pour son application est primordial !** C'est également là que vous incorporerez votre vidéo YouTube de promotion, un lien vers le téléchargement de votre application ainsi qu'un système de Newsletter pour récolter des adresses e-mail.

On peut apparenter ça à une **landing page**, initialement une « page d'atterrissage » où l'utilisateur arrive et augmente le taux de transformation.

FREQUENCY

Dans ce jeu, vous incarnerez un pilote solitaire voyageant au cœur d'un signal audio…

Promouvoir son application android : la page de présentation

Votre application est dédiée aux mobiles Android, faites-en sorte que la page de présentation soit aussi optimisée pour être lue sur des Smartphones Android. Pensez à ajouter un *QR code* pour permettre aux utilisateurs de télécharger rapidement l'application sans passer par le store (peu utilisé mais bien pratique pour certaines personnes).

Cette page rassemble différentes informations telle que le nom de votre application, une vidéo de présentation, des avis de blogueurs ou de testeurs et enfin des liens vers les pages de téléchargement des différents stores.

7. L'échange de commentaires

Appelés « Reviews », ils permettent de faire connaître à l'utilisateur la popularité de votre application, mais aussi aide à la rendre plus visible sur le Goole Play Store !

Il y a plusieurs façons pour gagner des reviews, la première et la plus naturelle est tout simplement d'attendre que les utilisateurs de votre application décident de se manifester, de la noter et de déposer un commentaire, c'est aussi simple que ça. Le problème étant que peu de gens posent des notes et des commentaires, pour faciliter les choses vous pouvez ajouter une fenêtre qui s'ouvre au démarrage pour proposer de laisser une note à votre application. Cela boostera certainement votre nombre de review tout en ne gênant pas excessivement vos utilisateurs. (Après c'est à vous de coder une boite de dialogue qui ne s'ouvre pas tout le temps quoi !)

La seconde technique consiste à s'inscrire sur des programmes **d'échanges de reviews.** Vous notez l'application d'un développeur tiers inscrit également sur le programme, puis lui en échange notera la vôtre. Il existe plusieurs sites tel que *appreviewexchange* ou *freeappreview.*

La dernière méthode consiste à acheter des reviews, généralement à un prix d'environ 0,25€ la note. Pour cela il existe des sites comme *App2Top.* Sachez toutefois que cette solution n'est pas bonne sur le long terme et qu'il serait tentant d'imaginer que Google et son puissant algorithme sache faire la différence entre une vraie et une fausse notation. Dans ce cas de figure, l'achat de notes ou d'installations serait tout bonnement inutile voire mettra peut-être en danger votre application car discréditée aux yeux de Google. **A vous de juger !**

8. Présentation sur des forums

Simple mais faut-il encore y avoir pensé... Présenter votre application à d'autres créateurs. Cela vous permet tout d'abord d'avoir un avis de la part de personnes qui connaissent la technicité nécessaire à la création d'une application, et donc des avis plus fondés. Même si ce n'est pas vraiment ce que nous cherchons actuellement, c'est toujours intéressant.

Mis à part les avis que vous pourriez récolter, présenter votre application sur divers forums vous permet **d'augmenter le nombre de liens redirigeant sur la fiche Play Store** de votre application, Google apprécie ça et fera monter en ranking votre application. Comme dans le référencement de site internet les « back-links » sont très importants.

Pensez aussi à vous investir sur des forums, offrez vos solutions sur des sujets ou une personne demande de l'aide. En ajoutant en plus un lien vers votre application en signature, à chaque fois que vous posterez une réponse, vous gagnerez un lien, ça n'importera pas grand-chose au niveau de Google. Mais votre landing page sera en général plus présente et visible sur internet.

9. Publication sur des sites de tests

Cette méthode pourrait être dans la partie gratuite comme dans la partie payante, car la publication d'une application sur un site de test peut parfois se révéler coûteux. Il faut tout de même savoir que cela est très utile pour la publicité de celle-ci. Si les utilisateurs peuvent se fier à l'avis d'un testeur « franc ». Cette technique vous permettra d'obtenir une bonne visibilité.

10. L'effet viral : système de parrainage

Le parrainage est un moyen de créer un effet viral qui n'est pas assez utilisé dans le milieu de l'application mobile. Il y a peu de temps nous proposions pour une application, la possibilité d'offrir la version payante (on était donc sur un modèle Freemium que nous verrons plus bas) à un tiers lorsque la personne l'achetait pour elle.

Au final, même si la rentabilité était divisée par deux, l'application était de fait beaucoup plus connue ! Une fois l'effet viral obtenu, on peut tout simplement retirer cette promotion limitée dans le temps. On aura donc gagné en utilisateurs, en reviews et en bouche à oreille !

Ce système a tout de même ses limites : il n'est pas facile à coder surtout si vous êtes un débutant dans le domaine. Coder un système automatisé de parrainage sur votre application requiert généralement l'utilisation d'un serveur qui fournira un code de parrainage à l'utilisateur et qui le validera une fois entré par le filleul sur l'application...

11. L'effet viral : les réseaux sociaux

Utilisez les réseaux sociaux au maximum, ils vous rapporteront beaucoup d'utilisateurs. Faire de la publicité sur les réseaux sociaux c'est bien, mais laisser vos utilisateurs en faire pour vous c'est encore mieux ! Ajoutez un bouton de partage Facebook et Twitter sur votre application, ils vous rapporteront de l'audience.

Sachez qu'il est compliqué d'obtenir une bonne communauté attentive à vos publications sur les réseaux sociaux. Persévérez, proposez du neuf à chaque fois. Utilisez de belles images, organisez des concours, soyez socialement actif.

De même, et encore plus si votre application est un jeu, créez-vous une page Instagram où vous posterez des photos de celui-ci.

12. Optimiser le référencement de son application

C'est simple. Pour que votre application soit mieux référencée, il faut que beaucoup de liens hypertextes pointent vers celle-ci (les fameux backlinks), que ce soit de votre page web de présentation, de votre vidéo Youtube, de sites de tests, d'annuaires, des réseaux sociaux... Faites tout pour que plusieurs liens soient présents sur le web.

Vous devez également réaliser une description convaincante sur la page de téléchargement de votre application. Placez vos mots clés habilement et plusieurs fois, pour améliorer le classement lors de la recherche sur le Play Store. Il existe un lien entre la description, les mots-clés et le titre de votre fiche sur le Google Play Store. Soyez logique et n'abusez pas trop des mots-clés au risque de vous faire au contraire déclasser.

13. Le modèle freemium pour son application

Votre application est payante et rapporte peu d'utilisateurs ? Avez-vous envisagé de proposer une version gratuite limitée ? Il y a tout de même quelques conditions pour être quand même gagnant : si vous décidez de créer une version gratuite limitée, sachez que la majorité de vos utilisateurs s'en contenterons, il ne faut pas que ces utilisateurs deviennent trop coûteux, vous pouvez donc pour cela ajouter de la publicité sur votre version gratuite.

Il faut savoir que proposer une version d'essai peut permettre de convaincre beaucoup de futurs utilisateurs et donc de gagner en téléchargements. Sachez **limiter habilement le contenu de votre application gratuite** pour pousser l'utilisateur acheter la version complète est la meilleure solution, encore faut-il bien doser les possibilités des deux versions. Le but étant de rendre vos utilisateurs sur leur faim en utilisant la version limitée (gratuite) et ne pas les faire fuir.

2 / Solutions payantes

1. La publicité : Admob et Facebook

Admob est un gestionnaire de publicité (racheté par Google mais utilisable pour Android et iOS), relativement simple d'utilisation, qui vous permettra à la fois d'afficher de la publicité sur votre application, mais également faire la promotion de celle-ci.

Bien que coûteux, la publicité reste le premier moyen pour promouvoir son application mobile. Si vous possédez plusieurs applications, Admob peut vous permettre de faire de la publicité pour une de vos applications, sur vos autres applications gratuitement. Un système de publicité interne en circuit fermé peut se révéler efficace si bien préparé, et que vous ayez une application qui a un nombre suffisamment élevé d'utilisateurs.

Sinon, vous pouvez toujours financer des espaces publicitaires sur d'autres applications mobile, sachez tout de même que le taux de conversion est relativement bas, après ce sera à vous de créer une bannière séduisante. Si vous voulez faire la promotion d'un jeu, optez pour les publicités interstitielles qui, même si elles sont plus coûteuses, rapportent plus d'utilisateurs (surtout pour les jeux).

Facebook propose son propre réseau de publicité, vous pouvez choisir assez précisément qui regardera votre publicité, soyez habile, visez la catégorie qui sera la plus susceptible d'utiliser votre application. Dans tous les cas, ciblez bien les utilisateurs qui verront votre publicité, le but étant d'obtenir le meilleur taux de conversion possible.

2. Les tests sur YouTube

Certains Youtubeurs font des tests de jeux vidéo ou d'applications, profitez-en ! Toute pub est bonne à prendre, proposez à plusieurs youtubeurs de tester votre application et de publier une vidéo du test. Dans la plupart des cas ça sera payant, et croissant en fonction du nombre d'abonnés sur la chaîne du YouTube.

Cette solution est plus adaptée dans le cas où votre application mobile est un jeu vidéo ou à caractère divertissant.

3. Les articles sponsorisés

La dernière solution pour promouvoir son application Android est celle des articles sponsorisés. Vous pouvez contacter plusieurs blogs afin de leur demander de réaliser un article sur votre application ou seulement de placer un lien hypertexte vers votre application, en échange d'une somme d'argent.

C'est une bonne idée si votre application est susceptible d'être utilisé par tout le monde, et concerne donc une audience dite générale. Dans le cas contraire vous pouvez toujours contacter des blogs plus spécialisés.

7) Bases en développement d'applications mobiles

Cette partie, à lecture optionnelle, est un petit chapitre sur les bases en développement d'applications mobiles. Pour tout vous dire, lorsque j'ai sorti ma première application mobile, je n'avais appris à développer sur Android que depuis une semaine !

J'ai sorti ma première application qui était plutôt basique et puis après je l'ai améliorée de semaines en semaines, les fonctionnalités de celle-ci (ainsi que le nombre de téléchargements) augmentaient avec mes connaissances.

J'ai donc décidé de créer cette partie pour vous apporter des solutions de développement assez rapide. Si vous savez déjà développer pour Android et iOS (respectivement Java et Swift), vous n'avez pas à la lire ☺

Android

1. L'installation

Nous allons avoir besoin de plusieurs choses :

- Le Java Développement Kit
- Android Studio
- Eventuellement un smartphone Android

Pour commencer, rendez-vous à cette adresse :
http://www.oracle.com/technetwork/java/javase/downloads/index.html

Téléchargez le JDK (JAVA Développement Kit), il est nécessaire au bon fonctionnement d'Android Studio.

Téléchargez et installez Android studio :
https://developer.android.com/sdk/index.html

Après l'installation, rendez-vous sur le SDK Manager *(Accueil d'Android Studio > Configure > SDK Manager)* et installez les différentes versions d'Android.

Le téléchargement et l'installation sont très longs et peuvent durer plusieurs heures !

2. L'interface & l'utilisation
La création de ma première application...

Rendez-vous sur le menu d'Android Studio puis cliquez sur *New Project*. Une fenêtre s'ouvre, choisissez un nom pour votre projet, puis un « Company Domain », vous devez le former comme une URL, voici un exemple : *monnom.monentreprise.fr,* cela formera avec le nom de votre application, le nom du package de votre application.

Cliquez sur suivant, vous pourrez choisir la version minimum nécessaire au terminal utilisant votre application. Vous pourrez également le rendre disponible sur les TV compatibles Android et les Smartwatch.

Cliquez une nouvelle fois sur suivant, cette étape vous permet de sélectionner l'activité principale de votre application, ou de ne pas en mettre. Pour débuter nous allons choisir « BlankActivity », c'est une activité vierge.

Suivant. Vous pouvez choisir le nom de votre activité principale, ainsi que son layout (le fameux fichier XML), pour l'instant ne modifiez rien.

Cliquez sur Finish, votre première application est créée !

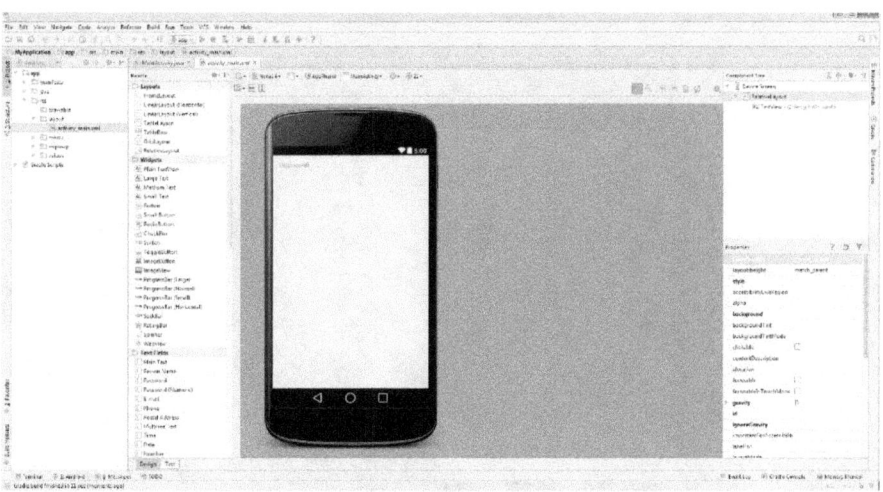

Voici l'interface graphique (le layout) de la page d'accueil de votre application.

La flèche verte vous permet de compiler votre application et de la démarrer en débogage.

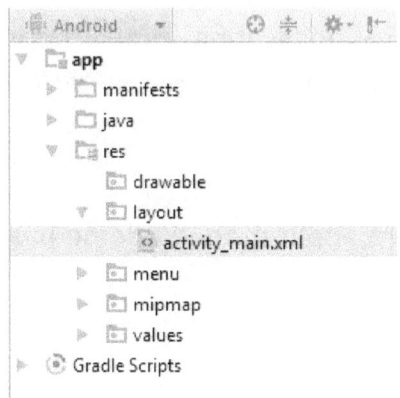

Voici la hiérarchie de votre projet, vous pourrez chercher ici certains fichiers. Les ressources sont dans le dossier « res », contenant les layout, les drawables (les images de votre projet) …

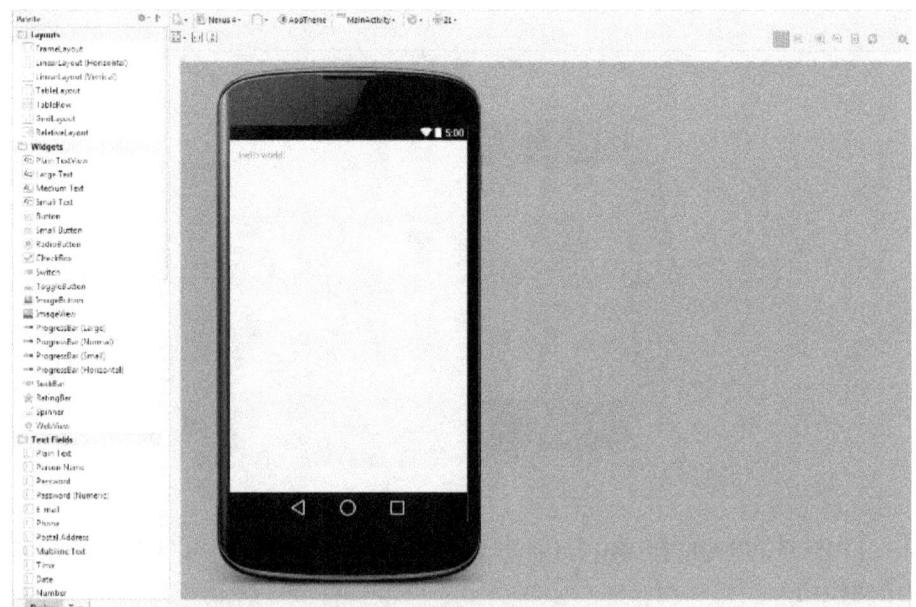

Voici la fenêtre principale, ici elle affiche l'interface graphique de votre activité, vous pouvez accéder au code de celui-ci via le bouton « text » en bas à gauche.

Cela peut être très utile pour modifier via le code et donc plus précisément votre layout.

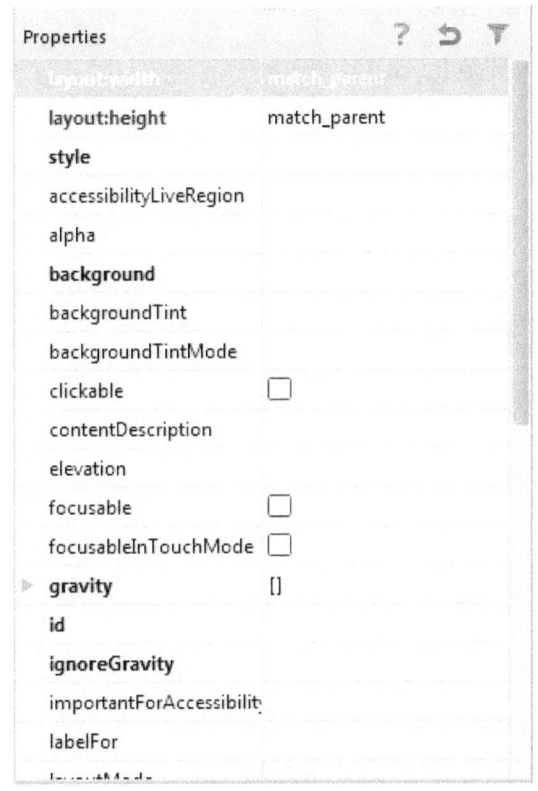

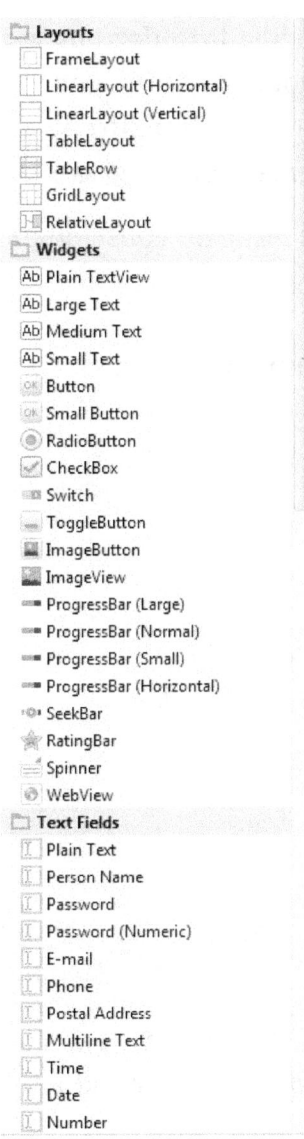

Cette partie affiche les propriétés de l'élément que vous sélectionnez, vous pouvez essayer en sélectionnant le texte « hello world » vous pouvez modifier sa taille (entrez une variable dans le champ « size »).

Pour aligner différemment le texte, sélectionnez l'option « Gravity » et choisissez l'alignement que vous désirez.

Voici la liste de tous les éléments que vous pouvez placer dans votre layout, c'est un peu comme une boîte à outils vous présentant les options qui s'offrent à vous. Vous avez simplement à cliquer sur un élément et à le glisser dans la fenêtre.

Placez-le où vous voulez dans votre layout.

Comment ça marche ?

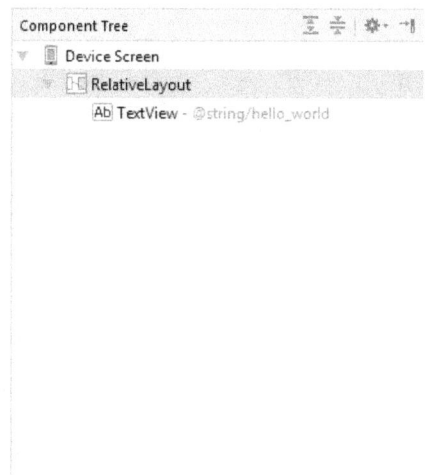

Vous pouvez apercevoir dans la fenêtre « Component Tree » les éléments présents dans votre layout.

Nous pouvons donc voir que l'élément « RelativeLayout » contient le texte « Hello World ».

« RelativeLayout » est donc... votre layout ! Il prend toute la place de l'ecran et permet de d'organiser vos éléments comme vous le souhaitez. Vous pouvez le remplacer par un autre type, comme le

LinearLayout. Vos éléments ne se placeront pas de la même façon, à vous de tester.

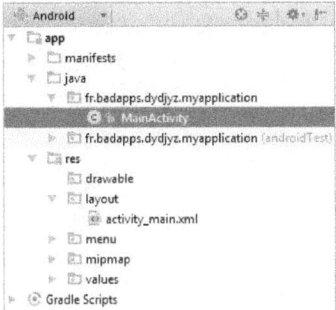

Ouvrez le fichier JAVA MainActivity.java

C'est ici que vous modifierez la partie « fonctionnelle » de votre application. Vous obtiendrez donc le code JAVA qui forme votre activité. Je vais tout vous expliquer.

```
package fr.badapps.myapplication;            ──────▶ Déclaration de notre package.

import android.support.v7.app.ActionBarActivity;    ⎫  Importation des classes nécessaires
import android.os.Bundle;                           ⎬  au bon fonctionnement de notre
import android.view.Menu;                           ⎪  application.
import android.view.MenuItem;                       ⎭


public class MainActivity extends ActionBarActivity {   ──▶ Voici la classe « MainActivity »,
                                                            qui forme votre activité.

    @Override
    protected void onCreate(Bundle savedInstanceState) {
        super.onCreate(savedInstanceState);                  Voici notre méthode qui est
        setContentView(R.layout.activity_main);              appelée au lancement de
    }                                                        l'activité.


    @Override
    public boolean onCreateOptionsMenu(Menu menu) {

        getMenuInflater().inflate(R.menu.menu_main, menu);
        return true;
    }

    @Override
    public boolean onOptionsItemSelected(MenuItem item) {
        // Handle action bar item clicks here. The action bar will          Supprimez ceci pour
        // automatically handle clicks on the Home/Up button, so long       l'instant, nous n'en
        // as you specify a parent activity in AndroidManifest.xml.         n'aurons pas besoin.
        int id = item.getItemId();

        //noinspection SimplifiableIfStatement
        if (id == R.id.action_settings) {
            return true;
        }

        return super.onOptionsItemSelected(item);
    }
}
```

3. La compilation

Nous allons créer un telephone virtuel qui va s'executer sur notre ordinateur, pour pouvoir directement tester notre application.

Démarrer l'AVD (Android Virtual Device) puis cliquez sur « Create virtual device », vous pouvez ici choisir le modèle de téléphone que vous allez créer puis sa version d'Android. Je vous conseille de mettre la dernière version disponible.

Une fois le chargement effectué et votre AVD créé, appuyez sur le bouton pour compiler (la flèche verte). Après la compilation une liste des Terminaux disponible s'affichera, vous avez qu'à choisir le vôtre puis à lancer le programme.

/!\ L'AVD met beaucoup (vraiment beaucoup) de temps à démarrer, vous n'avez pas besoin de le fermer entre chaque essai, laissez le ouvert pour gagner du temps /!\

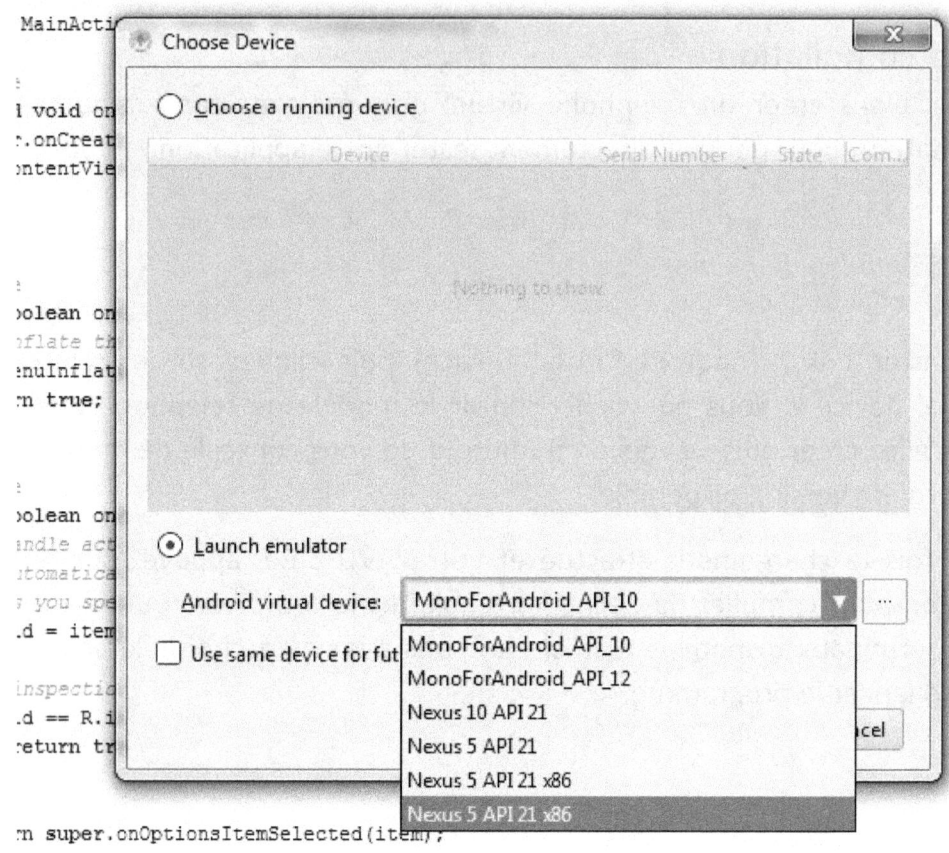

Votre « Hello World » s'affichera sur le terminal virtuel.

4. Créer une application calculatrice

Nous allons maintenant créer notre première vraie application, ce sera une calculatrice permettant d'effectuer de opérations basiques (+ - x /).

Ici nous allons créer notre interface graphique. Créez 10 boutons pour les chiffres de 0 à 9 ainsi que ceux pour les opérations (addition, soustraction, multiplication, division) ainsi qu'une touche entrée, une touche effacer et un TextView pour afficher les opérations.

J'ai donné comme ID aux boutons des chiffres « b0 », « b1 », « b2 », « b3 »…

Le bouton suppr. Aura comme ID « suppr ».

Les boutons d'opérations auront comme ID « op0 » à « op4 » de haut en bas.

Le bouton Go aura comme id « go ».

Je vous laisse placer tous les boutons et le TextView d'affichage des calculs !

1. Création des boutons

Nous allons maintenant passer à la partie du code.

Premièrement il va falloir déclarer tous nos boutons et le texte affichant les calculs.

```java
text = (TextView) findViewById(R.id.textView);

b0 = (Button) findViewById(R.id.b0);
b1 = (Button) findViewById(R.id.b1);
b2 = (Button) findViewById(R.id.b2);
b3 = (Button) findViewById(R.id.b3);
b4 = (Button) findViewById(R.id.b4);
b5 = (Button) findViewById(R.id.b5);
b6 = (Button) findViewById(R.id.b6);
b7 = (Button) findViewById(R.id.b7);
b8 = (Button) findViewById(R.id.b8);
b9 = (Button) findViewById(R.id.b9);

op1 = (Button) findViewById(R.id.op1);
op2 = (Button) findViewById(R.id.op2);
op3 = (Button) findViewById(R.id.op3);
op4 = (Button) findViewById(R.id.op4);
suppr = (Button) findViewById(R.id.suppr);
go = (Button) findViewById(R.id.go);
```

Puis nous allons rendre ces boutons cliquables.

```java
b0.setOnClickListener(this);
b1.setOnClickListener(this);
b2.setOnClickListener(this);
b3.setOnClickListener(this);
b4.setOnClickListener(this);
b5.setOnClickListener(this);
b6.setOnClickListener(this);
b7.setOnClickListener(this);
b8.setOnClickListener(this);
b9.setOnClickListener(this);

op1.setOnClickListener(this);
op2.setOnClickListener(this);
op3.setOnClickListener(this);
op4.setOnClickListener(this);
suppr.setOnClickListener(this);
go.setOnClickListener(this);

calcul = "";
```

N'oubliez pas de déclarer vos boutons et le TextView. Déclarez également une chaine de caractères au nom de calcul.

```
String calcul;
```

Ajoutez cela sous le public MainActivity.

2. Calcul des opérations

A chaque clique sur un chiffre, nous allons ajouter celui-ci dans la chaine de caractère « calcul », c'est la même chose pour les opérations. La chaine de caractère sera entièrement calculée lorsque l'utilisateur appuie sur Go grâce à la librairie **Exp4j.** Pour gérer les cliques, c'est la même chose que pour l'application précédente, il faut gérer ces évènements dans onClick().

```java
@Override
public void onClick(View v) {

    if(v == b0) { calcul = calcul + "0"; }
    else if(v == b1) { calcul = calcul + "1"; }
    else if(v == b2) { calcul = calcul + "2"; }
    else if(v == b3) { calcul = calcul + "3"; }
    else if(v == b4) { calcul = calcul + "4"; }
    else if(v == b5) { calcul = calcul + "5"; }
    else if(v == b6) { calcul = calcul + "6"; }
    else if(v == b7) { calcul = calcul + "7"; }
    else if(v == b8) { calcul = calcul + "8"; }
    else if(v == b9) { calcul = calcul + "9"; }

    else if(v == op1) { calcul = calcul + "+";

    }
    else if(v == op2) { calcul = calcul + "-";

    }
    else if(v == op3) { calcul = calcul + "*";

    }
    else if(v == op4) { calcul = calcul + "/";

    }
    else if(v == suppr) { calcul = ""; }

    text.setText(calcul);
    if(v == go) {
        Expression calc = new ExpressionBuilder(calcul).build();
        double result1=calc.evaluate();
        text.setText(""+result1);
    }

}
```

Je vous expliquerai la partie grisée après. Pour chaque bouton, nous ajoutons sa valeur à la fin de la chaine de caractère.

Au-dessus de la partie grisée (qui correspond au bouton Go), il y a text.setText(calcul); cela signifie que nous affichons le calcul en cours à l'ecran dans le TextView. Le bouton Go dans la partie grisée est séparé des autres, car il agit différemment. Il calcule la chaîne de caractère « calcul » puis l'affiche dans le TextView.

Pour cela j'ai donc utilisé la librairie Exp4J, voilà comment l'installer :
File > Project Structure > app > Dependencie.

Cliquez sur le +, sélectionnez Library Dependencies puis entrez Exp4j et sélectionnez le premier lien. Enregistrez, Android Studio l'installera lui-même.

```
Expression calc = new ExpressionBuilder(calcul).build();
double result1=calc.evaluate();
text.setText(""+result1);
```

Nous calculons donc la chaîne de caractère « calcul » puis nous l'affichons dans le TextView.

Pourquoi ""+result1 pour afficher le resultat ? Tout simplement car nous devons afficher une chaine de caractère et non un integer dans le TextView, cela permet donc d'afficher une chaîne de caractère sans forcément devoir transformer notre integer en chaîne de caractère, disons que c'est une petite astuce pour gagner du temps.

Votre calculatrice devrait maintenant fonctionner correctement, nous allons voir comment l'enrichir.

Un grand avantage avec cette librairie, c'est qu'elle gère des calculs avancés. Nous pouvons donc rajouter des boutons avec des parenthèses, des puissances... De quoi faire une calculatrice fonctionnelle et puissante ! J'ai donc rajouté ce code pour les parenthèses et je les ai créées dans le layout.

```java
par1 = (Button) findViewById(R.id.par1);
par2 = (Button) findViewById(R.id.par2);
par1.setOnClickListener(this);
par2.setOnClickListener(this);

else if(v == par1) {
    calcul = calcul + "(";
}
else if(v == par2) {
    calcul = calcul + ")";
}
```

iOS

L'installation d'xCode est très simple, il suffit de vous rendre sur le store d'Apple puis de rechercher le logiciel et enfin de l'installer. Quant à la création d'un compte développeur je vous laisse le soin de vous rendre sur le site d'Apple car la procédure est plutôt longue et ne ferai que polluer ce livre. Sachez néanmoins qu'il faut 100€ pour s'inscrire au programme développeur d'Apple.

Le développement sous xCode 7
La création d'un projet

Commençons par ouvrir xCode, le splash screen de démarrage nous propose plusieurs choses :

- ➢ Démarrer un projet récemment lancé (à droite)
- ➢ Créer un projet en mode playground : « Terrain de jeu »
- ➢ Créer un projet classique, c'est ce que nous allons faire.

Ensuite vous avez une petite trame où il faut entrer toutes les informations utiles à la création de votre application.

> ➢ Notre application sera une « Single view ». Suivant.
> ➢ Entrez toutes les informations demandées, le nom de l'appli, du développeur, le langage (Swift pour nous), les appareils pour lesquels l'appli est destinée (Device : iPhone ou iPad). Suivant.
> ➢ Là vous pouvez enregistrer votre projet où bon vous semble.

Voilà, votre projet est créé !

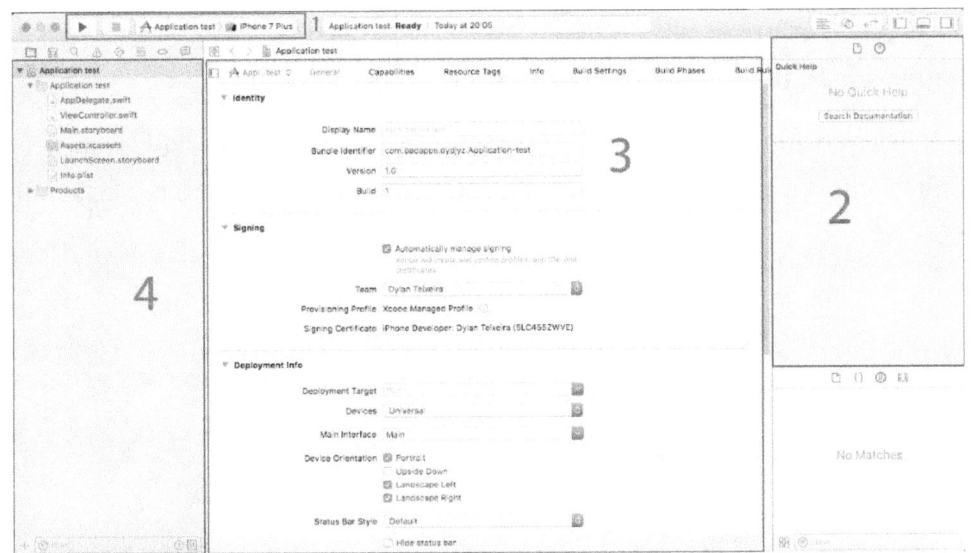

Ici vous avez plusieurs informations à retenir, voilà la page d'accueil de votre projet sous xCode.

- ➤ L'encart numéro 1 vous permettra de lancer l'application sur un terminal virtuel ou sur un terminal physique. Essayer de cliquer sur « iPhone 7 plus » pour choisir un terminal.
- ➤ L'encart numéro 2 lui vous permettra de modifier certains paramètres de vos Views (fenêtre de votre application) une fois que nous aurons commencé à y toucher.
- ➤ L'encart numéro 3 est la fenêtre principale, celle où vous mettrez les éléments de votre application en place et où vous pourrez coder en Swift.
- ➤ L'encart numéro 4 concerne l'arborescence de votre projet, et plus tard vous permettra également de voir les erreurs et warnings sur votre application.

Maintenant que nous avons vu de quoi est composé xCode nous allons commencer à travailler sur les views de notre application !

Ma première Vue

Cliquez sur Main.storyboard pour commencer.

Ce fichier contiendra toute l'interface graphique des fenêtres de notre application. Ça peut rapidement devenir incompréhensible si c'est mal organisé !

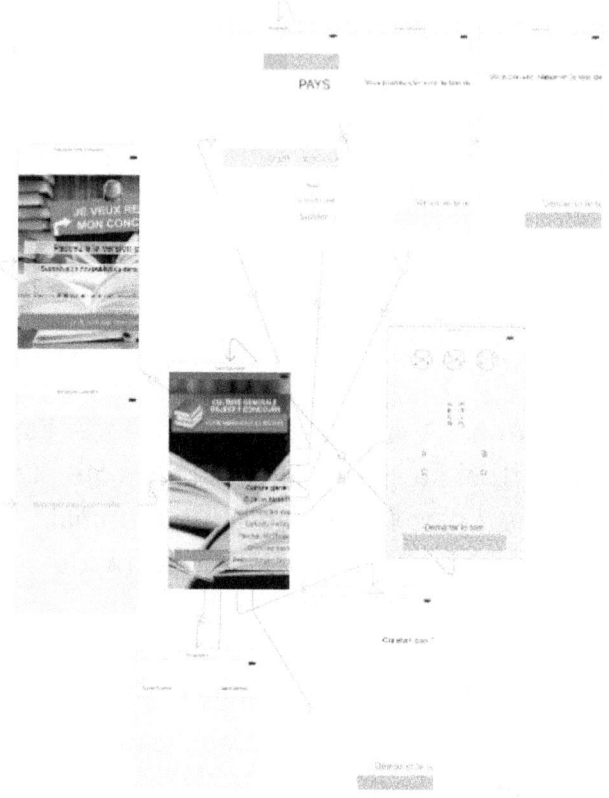

Les flèches quant à elles permettent de relier les views. Nous verrons plus tard comment changer de view au click d'un bouton.

Donc sur l'image du dessus il faut comprendre qu'une view correspond à une fenêtre de notre application, et la totalité de ces fenêtres représentent la storyboard.

La première view de votre application est déjà créée lorsque vous arrivez sur votre storyboard, sur l'écran du dessus c'est tout simplement la fenêtre du milieu.

Nous allons maintenant voir comment ajouter des éléments sur notre view.

Ajout d'éléments sur la vue

Les boutons

Ici nous allons apprendre à ajouter un bouton sur notre view et également voir comment l'utiliser pour passer à une autre view.

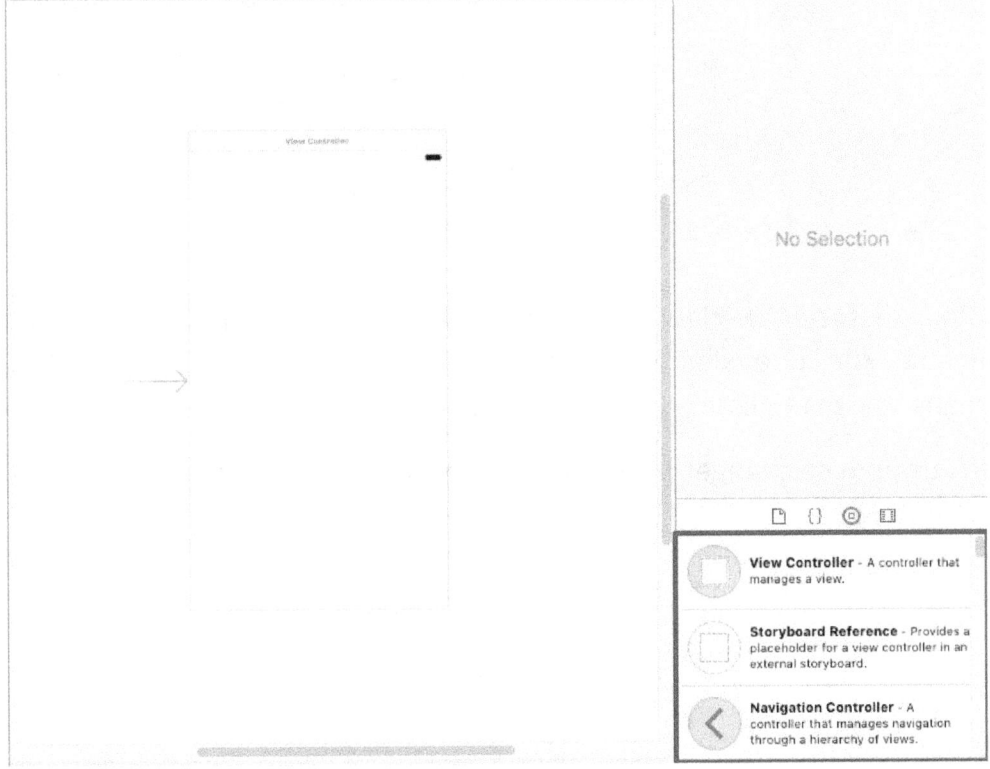

Nous allons chercher dans le panneau de droite notre objet « button » puis vous pouvez le glisser sur votre view.

Nous allons maintenant ajouter une nouvelle view à côté de la première, cherchez-la dans la liste des objets comme pour le bouton.

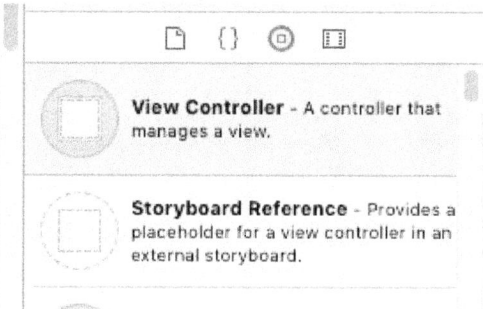

Pour dissocier la View 1 de la View 2 nous allons rajouter un texte (Label) sur la deuxième. Comme pour le bouton cherchez le TextView dans la liste et glissez-le sur votre deuxième view.

Vous pouvez changer le contenu de ce label de texte dans le panneau à droite :

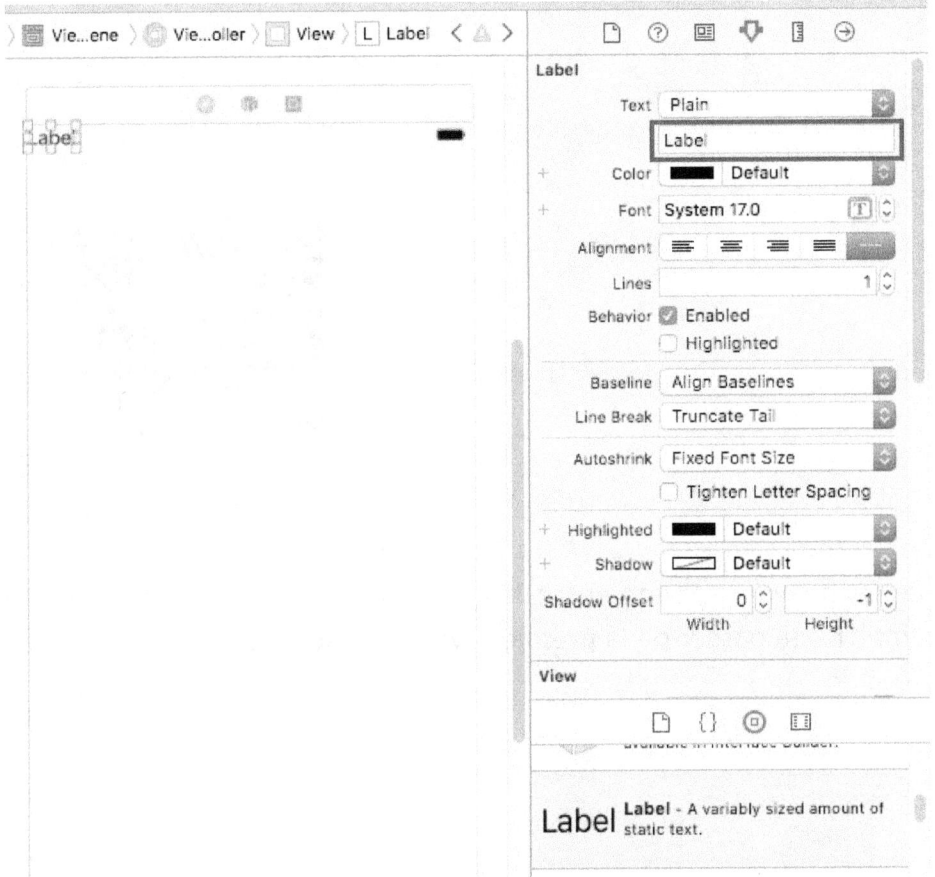

Nous allons donc retourner du côté de notre première view, nous allons appuyer sur la touche contrôle (Ctrl) de notre clavier, cliquez sur le bouton puis déplacez le curseur jusqu'à la deuxième view (un trait va apparaître) puis cliquez et enfin validez en cliquant sur « show ».

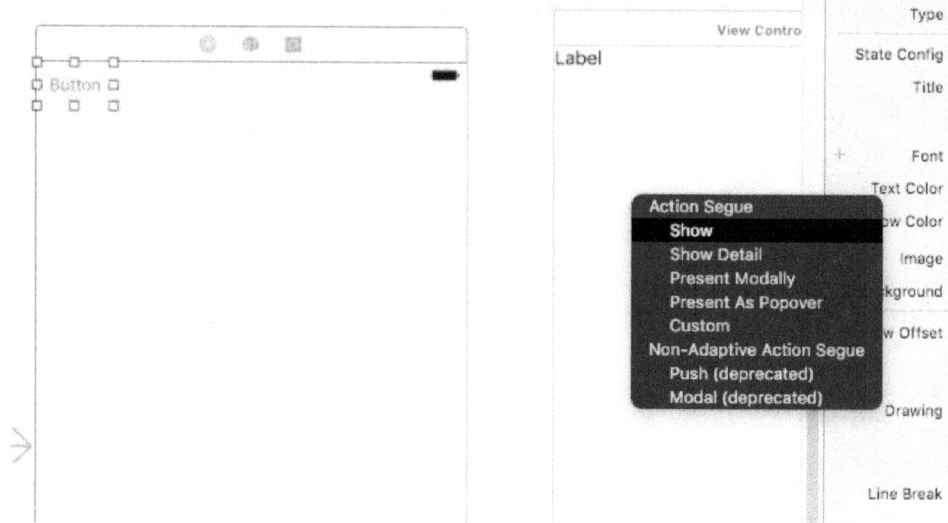

Une flèche va se créer entre les deux views, l'appui sur le bouton permettra de passer de la première view à la seconde.

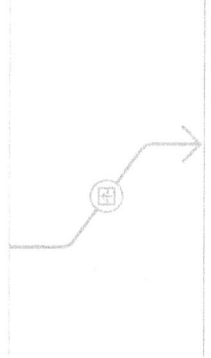

Allons vérifier que tout fonctionne bien en démarrant l'émulateur ; votre projet va se compiler puis l'émulateur (un terminal virtuel sous iOS) va démarrer.

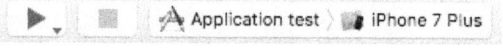

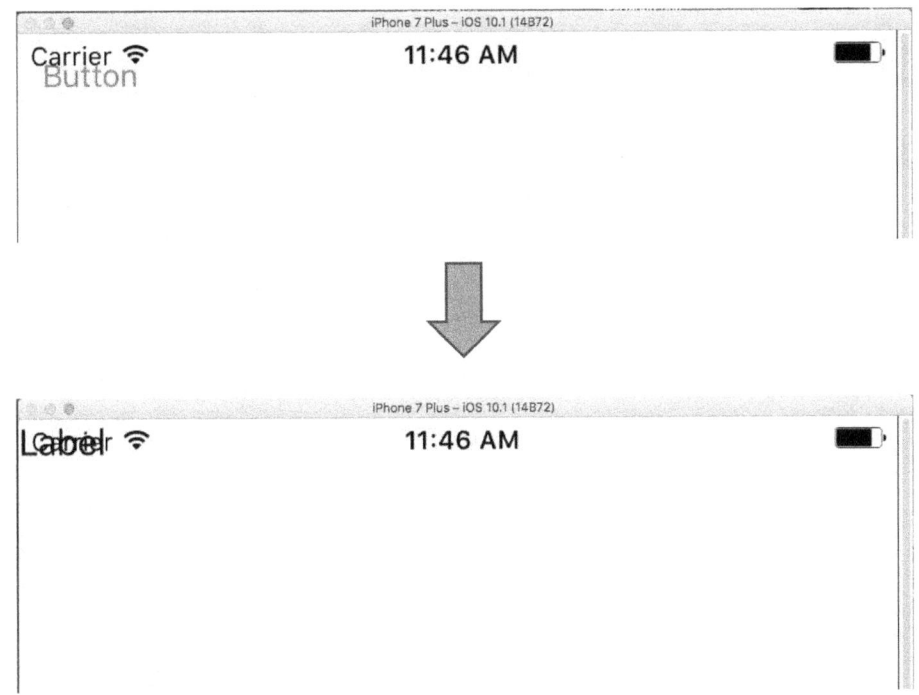

Là nous avons deux problèmes :

> - Comment faire un retour en arrière ? Je dois créer un nouveau bouton et l'associer de la view 2 à la view 2 ?
> - Mon bouton et mon texte ne sont ni centrés, ni bien visible, bref ils ne sont pas où je voudrai !

Pour faire un retour en arrière, xCode nous simplifie les choses ; nous pouvons utiliser le controller navigation. Commencez par mettre votre bouton et votre texte au milieu de l'écran. (Si vous l'avez laissé en haut, lorsque nous allons ajouter le controller navigation, ces deux objets vont rester en dessous de notre barre de navigation).

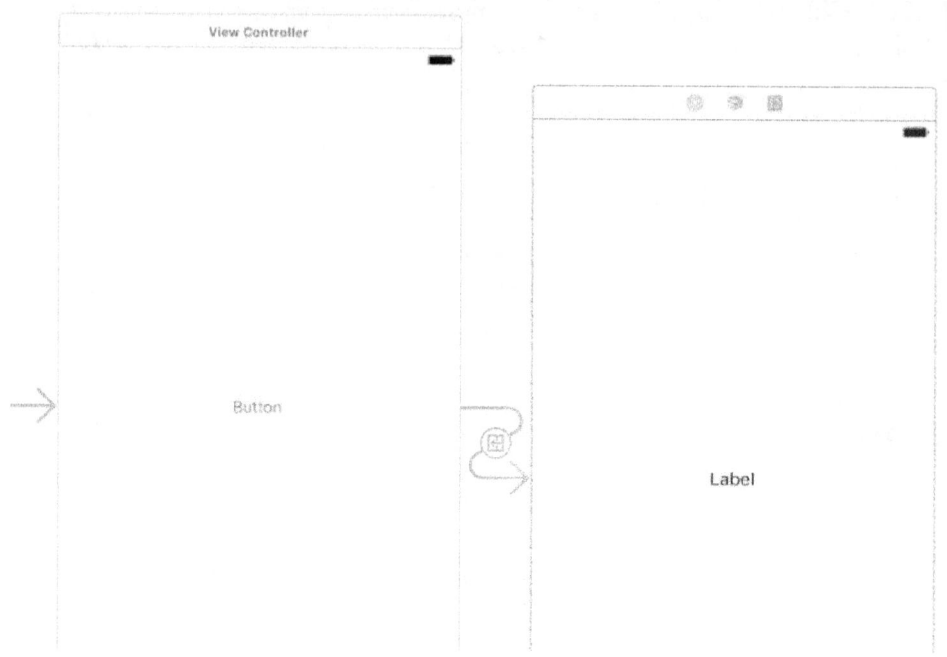

Commencez par cliquer sur votre première view, puis suivez l'image et effectuez la même action.

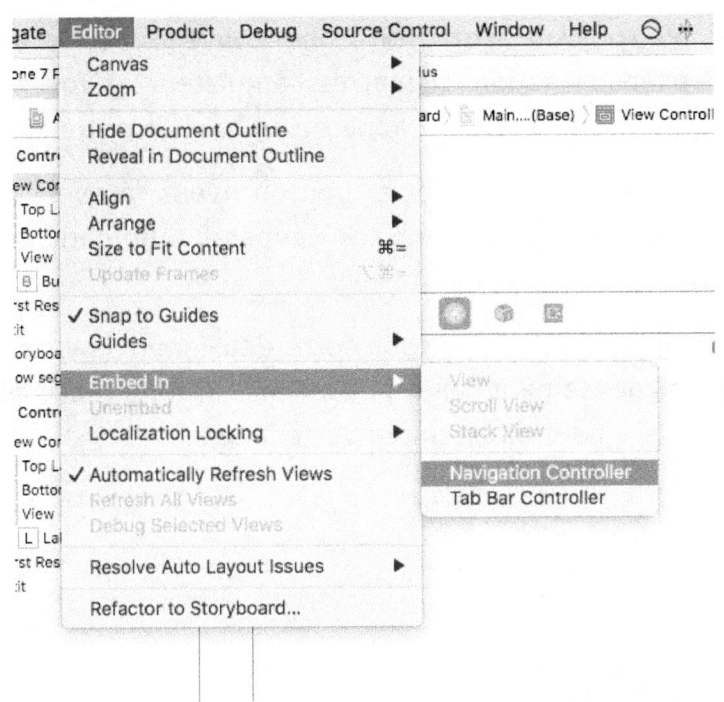
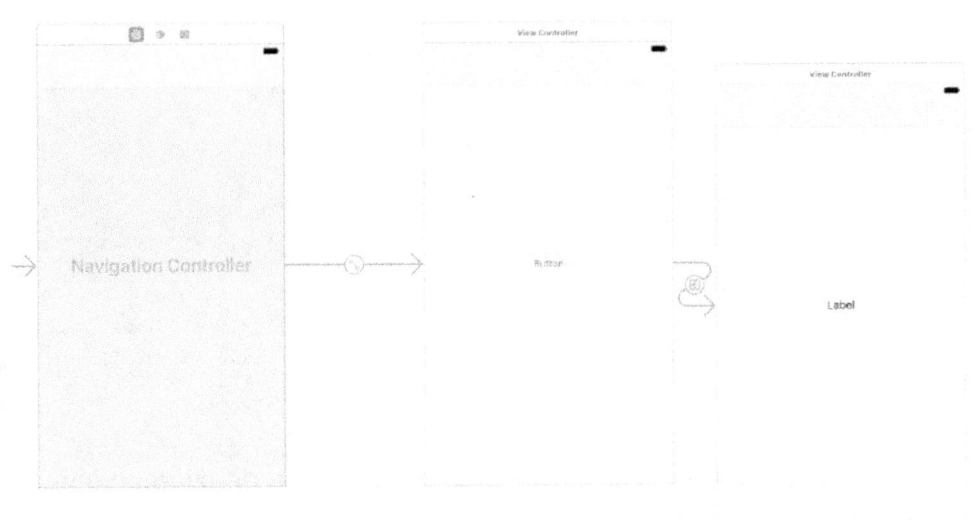

Vous avez pu vous en apercevoir ; une nouvelle view est apparue, notre controller navigation. Démarrez l'émulateur et voyez par vous même le résultat. Une barre est apparue en haut de notre application.

Lorsque vous cliquez sur votre bouton, vous arrivez sur votre deuxième view et un bouton « < Back » apparaît automatiquement !

Les images

Nous allons ajouter une image sur notre deuxième view, commencez par choisir soigneusement celle-ci puis dans l'arborescence cliquez sur Assets.xcassets, glissez directement votre image.

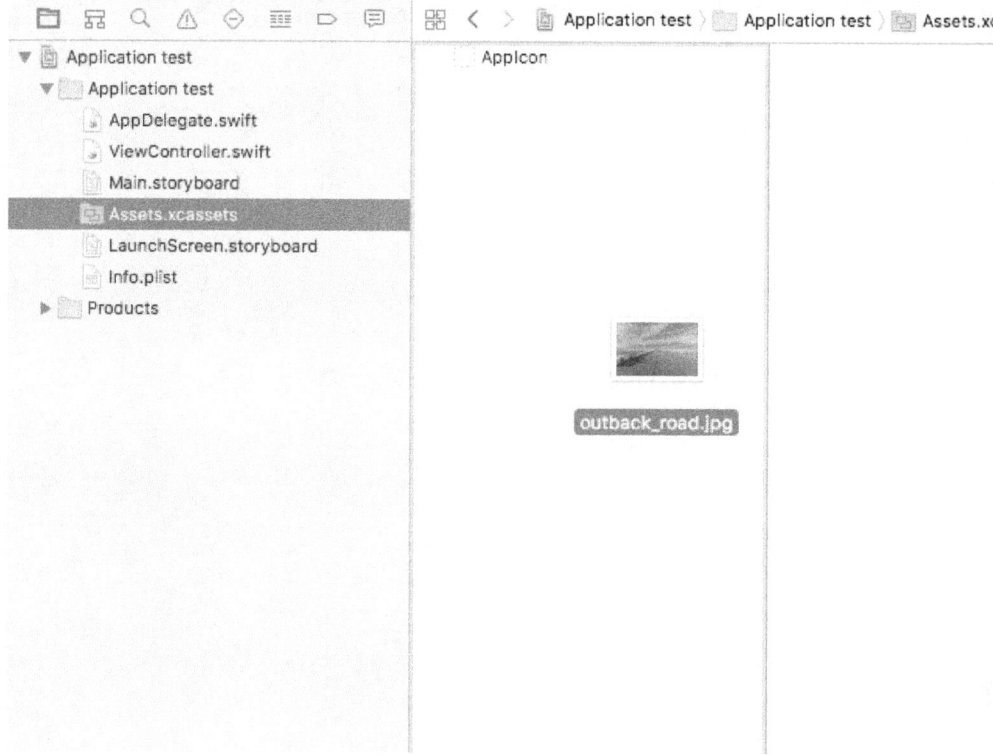

Retournez ensuite dans votre storyboard, sur votre deuxième view et choisissez l'objet « Image View » puis glissez-le sur votre view. Pour faire quelque chose de beau j'ai décidé de l'étirer sur le haut de l'écran ;

Choisissez votre image dans la liste, elle s'affichera sur votre view.

Comme nous avons eu le problème pour notre bouton et votre texte tout à l'heure, il va falloir centrer ces deux objets pour qu'ils aient le même rendu sur les ipads et différents iphones.

Appuyez sur Contrôle (Ctrl) et cliquez sur votre image et glissez votre curseur vers le haut jusqu'à arriver juste au dessus de votre image puis lachez le click, un menu s'ouvre, commencez par cliquer sur « Center horizontally in container », exécutez à nouveau la même action puis sélectionnez « Vertical spacing to top layout ».

La première action va centrer horizontalement votre image sur les differentes tailles d'écran tandis que la deuxième va définir la distance entre le bord du haut et l'image. Votre image restera donc toujours centrée horizontalement et en haut de l'écran.

Nous allons maintenant faire la même action sur les bords gauche et droits de votre image pour qu'elle ne dépasse pas l'écran s'il est plus petit. Appuyez sur contrôle, cliquez sur l'image et allez jusqu'au bord gauche de la view. Sélectionnez « Leading space to container margin » faites de même sur le bord droit et sélectionnez « Trailing space to container margin ».

Il reste maintenant un dernier problème à régler ; en fonction de la taille de l'écran notre image sera plus ou moins étirée, ce qui donnera un rendu pas très beau. Pour régler ce problème nous allons définir un ratio à notre image :

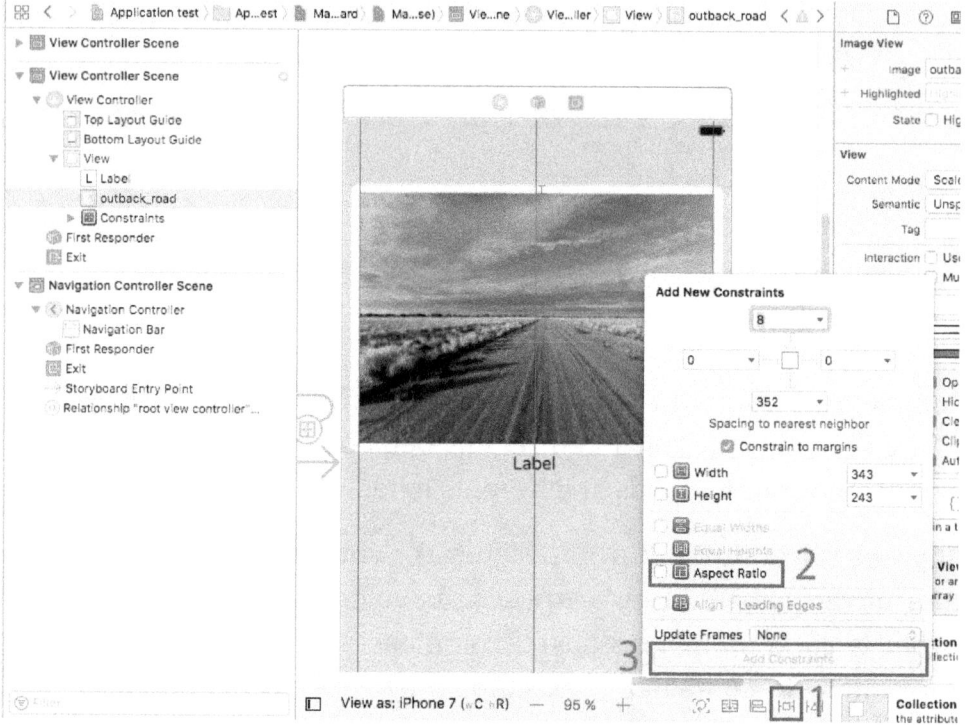

Nous pouvons faire de même avec les textes. Centrez-le à l'horizontale comme nous avons vu.

Nous allons maintenant faire en sorte qu'il reste toujours dessous notre image. Appuyez sur contrôle puis cliquez sur le texte et remontez jusqu'à l'image, relâchez le click puis sélectionnez « Vertical spacing ».

Lier les éléments au code

    Cliquer sur un bouton pour exécuter une action

Nous allons ici apprendre à lier les éléments au code et par extension à apprendre à coder une action pour un bouton. Pour commencer nous allons ajouter un bouton sur notre deuxième view.

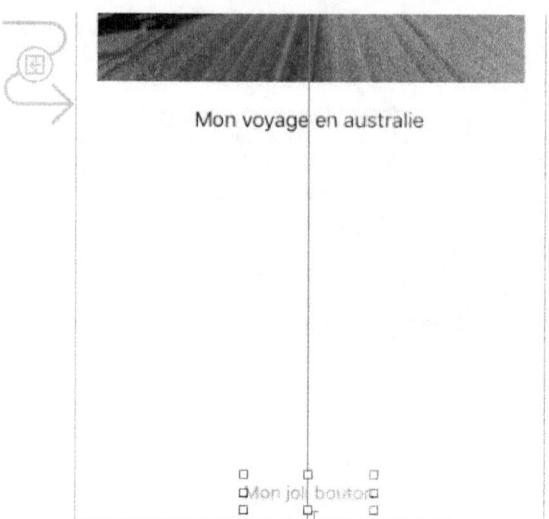

Nous allons maintenant relier notre bouton au code, nous voulons changer le texte sous la photo lorsque le bouton est cliqué, on va donc commencer par relier le texte et le bouton au code.

Mais où est ce code ?

Il existe déjà le fichier « ViewController.swift », qui contiendra le code source de votre première view, seulement nous allons en créer un second qui lui contiendra le code source du deuxième view, où l'image et le bouton sont affichées.

Application test
Show in Finder
Open with External Editor
Open As
Show File Inspector
New File...
Add Files to "Application test"...
Delete
New Group
New Group from Selection
Sort by Name
Sort by Type
Find in Selected Groups...
Source Control
Project Navigator Help

Choose a template for your new file:
iOS
watchOS
tvOS
macOS
Filter
Source
Cocoa Touch Class
UI Test Case Class
Unit Test Case Class
Playground
Swift File
Objective-C File
Header File
C File
C++ File
Metal File
User Interface
Storyboard
View
Empty
Launch Screen
Cancel
Previous
Next

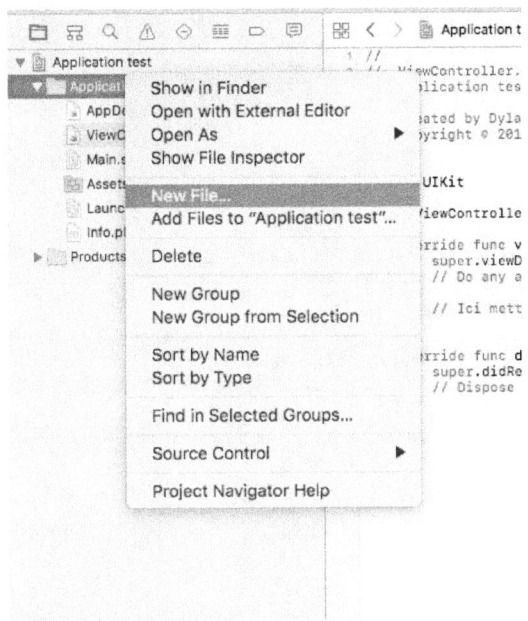

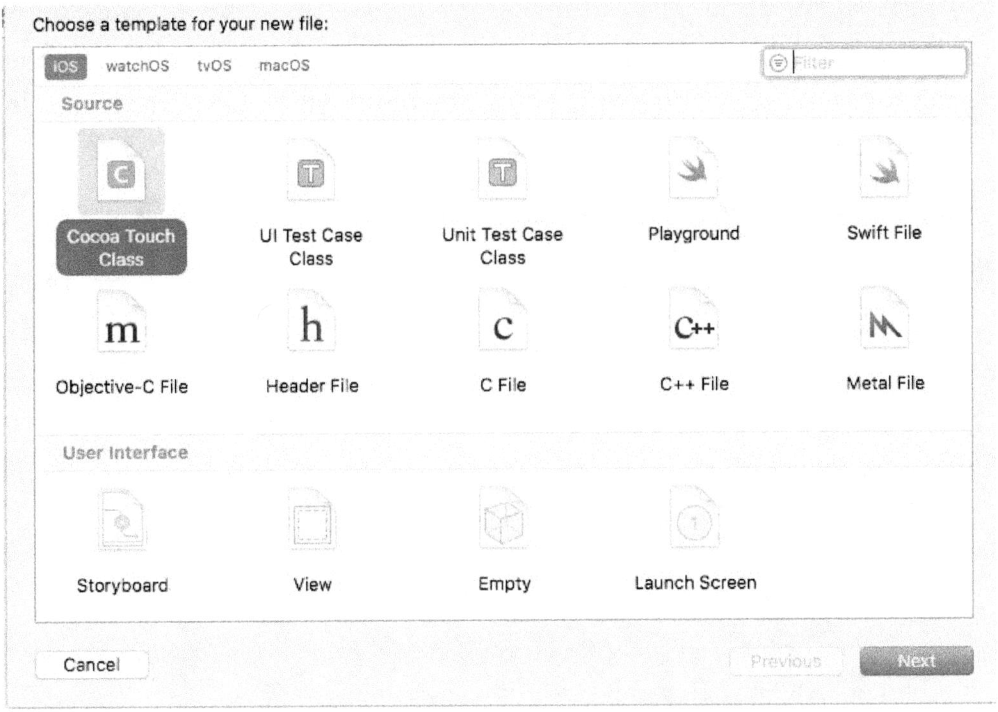

Choose options for your new file:	
Class:	ViewController2
Subclass of:	UIViewController
	☐ Also create XIB file
Language:	Swift

[Cancel]   [Previous] [Next]

J'ai donc appelé le fichier ViewController2. Nous allons donc maintenant relier ce fichier à notre deuxième view. Retournons sur le storyboard.

Cliquez sur votre view puis suivez les étapes :

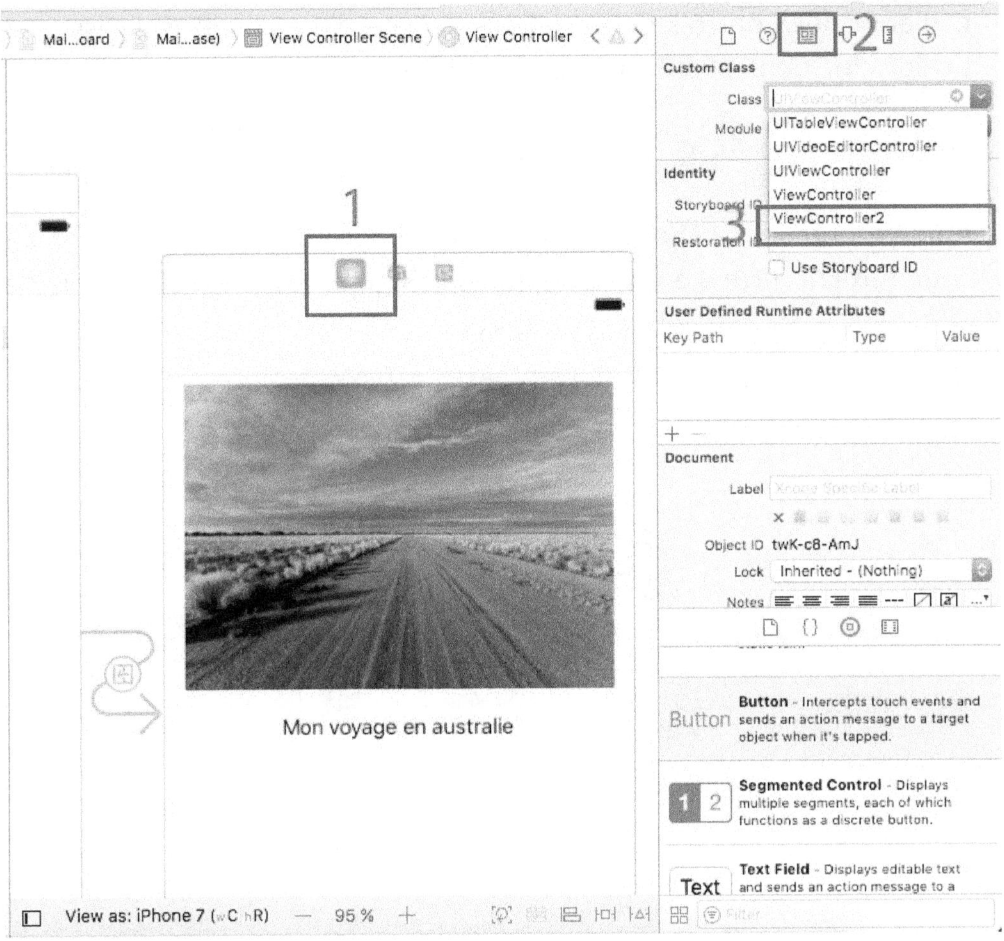

Votre deuxième view sera donc maintenant reliée au fichier swift « ViewController2 ».

Nous allons maintenant y relier les objets de notre view.

Voici le principe : nous allons sélectionner notre bouton et le glisser jusqu'à l'intérieur de notre fichier, nous allons donc scinder notre écran en deux parties pour cela :

Vous allez donc voir d'un côté notre storyboard et de l'autre notre code source. Vérifiez bien que vous avez le storyboard d'un côté, et le fichier « ViewController2 » de l'autre. Si ce n'est pas le cas glissez le fichier ViewController2 sur la barre du fichier ;

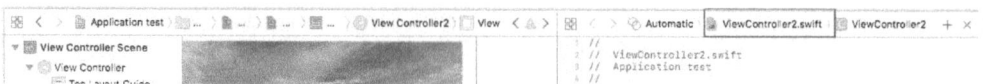

Appuyez sur la touche contrôle (Ctrl), cliquez sur l'objet à relier au code (en l'occurrence notre bouton) puis glissez-le juste au dessus de override func viewDidLoad() { **comme ceci :**

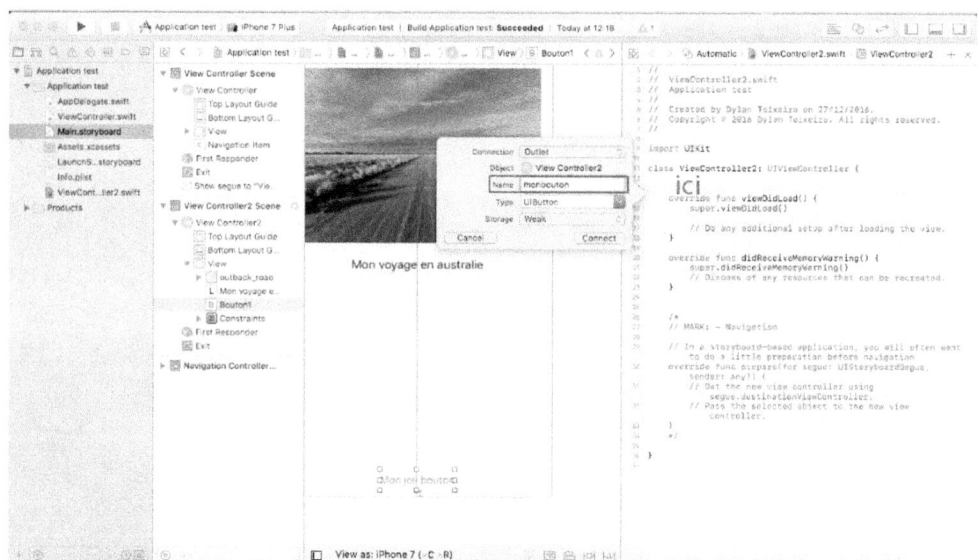

Puis choisissez le nom que vous allez attribuer à votre bouton (ici je l'ai appelé « monbouton »).

Faites de même pour votre texte. Je l'ai appelé « Montexte ».

Nous allons créer une fonction IBAction que nous allons appeler « Changerletexte » puis nous choisissons l'action à exécuter, en l'occurrence changer le texte sous l'image.

```
 9  import UIKit
10
11  class ViewController2: UIViewController {
12
13
14      @IBOutlet weak var Montexte: UILabel!
15      @IBOutlet weak var monbouton: UIButton!
16
17      override func viewDidLoad() {
18          super.viewDidLoad()
19
20
21
22      }
23
24      override func didReceiveMemoryWarning() {
25          super.didReceiveMemoryWarning()
26          // Dispose of any resources that can be recreated.
27      }
28
29      @IBAction func Changerletexte() {
30          Montexte.text = "Nouveau texte :)"
31          // Ce code sera exécuté lorsque la personne appuiera sur le bouton.
32
33      }
34  }
35
```

Maintenant que nous avons codé notre petite fonction, nous allons l'attribuer à notre bouton. Retour sur le storyboard. Maintenez la touche contrôle enfoncée, cliquez sur votre bouton et glissez votre curseur jusqu'au rond jaune contenant un carré blanc en haut de votre view.

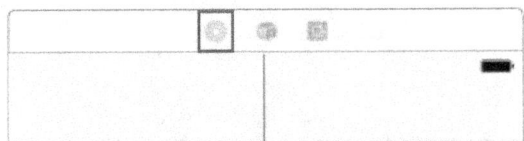

Un menu va s'ouvrir, sélectionnez la fonction que nous avons créé :

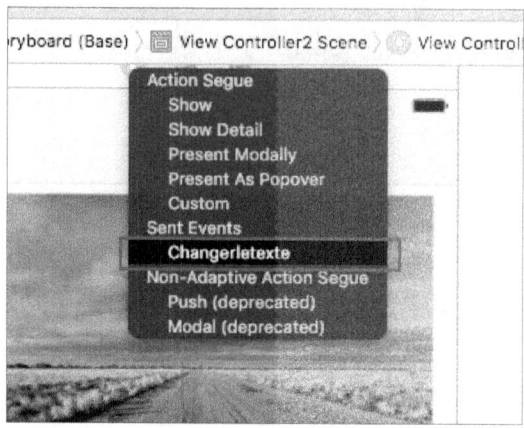

Vous pouvez maintenant tester sur l'émulateur :

8) Conclusion

Nous arrivons déjà à la fin de ce livre ! En écrivant ce livre j'ai voulu vous apprendre les principales bases pour devenir en entrepreneur dans le développement d'applications mobiles, qui est pour moi une très bonne façon de gagner de l'argent sur internet en ce moment. Certes vous n'avez pas toutes les cartes en main pour vous créer un empire sur internet mais vous savez déjà tout ce qu'il faut savoir pour démarrer votre petite application et la rentabiliser. Il y a deux ans lorsque j'ai commencé à développer ma première application Android je n'avais absolument aucune connaissance en développement d'applications mobiles et en JAVA, j'ai appris sur le tas en lisant des livres et en suivant des tutos. J'ai sorti ma première application une semaine après avoir commencé à la développer, une application toute simple avec des QCM de culture générale, elle ne payait pas de mine mais ça suffisait pour attirer quelques utilisateurs, et c'est ce qui m'a motivé à l'améliorer tout en apprenant, puis à en sortir une deuxième, une troisième, une dixième... J'en possède – à l'heure où je rédige ces lignes – un peu plus de 25. Je n'ai pas forcément besoin de m'en occuper pour qu'elles me rapportent de l'argent car elles sont principalement basées sur un système freemium. N'oubliez jamais qu'une fois votre projet lancé, cherchez à publier votre application le plus rapidement possible, même si elle n'est pas géniale ce n'est pas grave, vous profiterez d'un meilleur référencement de la part de Google et vos premiers utilisateurs pourront vous donner leurs impressions vous permettant de l'améliorer.

Pour parfaire vos connaissances je vous invite à lire des livres plus poussés sur le développement sous iOS et Android, mais également sur l'entreprenariat.

Dylan Teixeira

Autres livres de Dylan Teixeira...

Si tout semble sous contrôle, vous n'êtes juste pas assez rapide.

Mario Andretti

Gagner de l'argent en développant des Applications mobiles

Dylan TEIXEIRA

Badapps Studio, tous droits réservés, 2017.

Revente, publication et modifications interdites.

www.ingramcontent.com/pod-product-compliance
Lightning Source LLC
Chambersburg PA
CBHW061202180526
45170CB00002B/920